¡LO ENCANTADO!

PRISIONES ENCANTADAS

Un libro de Las Ramas de Crabtree

THOMAS KINGSLEY TROUPE
Traducción de Santiago Ochoa

CRABTREE
Publishing Company
www.crabtreebooks.com

Apoyos de la escuela a los hogares para cuidadores y maestros

Este libro de gran interés está diseñado con temas atractivos para motivar a los estudiantes, a la vez que fomenta la fluidez, el vocabulario y el interés por la lectura. Las siguientes son algunas preguntas y actividades que ayudarán al lector a desarrollar sus habilidades de comprensión.

Antes de leer:

- ¿De qué creo que trata este libro?
- ¿Qué sé sobre este tema?
- ¿Qué quiero aprender sobre este tema?
- ¿Por qué estoy leyendo este libro?

Durante la lectura:

- Me pregunto por qué...
- Tengo curiosidad por saber...
- ¿En qué se parece esto a algo que ya conozco?
- ¿Qué he aprendido hasta ahora?

Después de la lectura:

- ¿Qué intentaba enseñarme el autor?
- ¿Qué detalles recuerdo?
- ¿Cómo me han ayudado las fotografías y los pies de foto a comprender mejor el libro?
- Vuelvo a leer el libro y busco las palabras del vocabulario.
- ¿Qué preguntas me quedan?

Actividades de extensión:

- ¿Cuál fue tu parte favorita del libro? Escribe un párrafo al respecto.
- Haz un dibujo de lo que más te gustó del libro.

ÍNDICE

CELDAS DE MUERTE

Caminas por un largo corredor, apenas puedes ver lo que hay adelante. A ambos lados las celdas están vacías y abandonadas. Escuchas pasos en algún lugar en la distancia. Una sombra se mueve entre los barrotes cercanos. Una sensación helada se apodera de ti cuando te das cuenta de que no estás solo. ¿Estará encantanda esta vieja prisión?

Muchas personas creen que los fantasmas pueden rondar en cualquier tipo de lugar imaginable. Las prisiones y las cárceles son lugares adonde son enviados los criminales como castigo. Tal vez algunos prisioneros son sentenciados de por vida... y hasta después de la vida.

Agarra tu linterna y respira profundo. Estás a un paso de descubrir por qué estas prisiones están dentro de ¡LO ENCANTADO!

UN DATO ATERRADOR
Hay más de 10 millones de personas en prisiones alrededor del mundo.

REFORMATORIO ESTATAL DE OHIO

La fachada del Reformatorio Estatal de Ohio en Mansfield, Ohio, no parece una prisión sino un elegante castillo. Fue construido en 1896 y cerrado en 1990.

Un chico de 14 años murió en el sótano de la prisión. Su sombra aparece con frecuencia en los muros. Otro fantasma más **siniestro**, que también se aparece, es el del guardia que lo mató.

El Reformatorio Estatal de Ohio ha sido usado como locación para varias películas de Hollywood. La más popular es *Sueño de fuga*, basada en un cuento escrito por Stephen King, el conocido autor del género de terror.

PENITENCIARÍA ESTATAL DE MOUNDSVILLE

Conocida por ser una de las prisiones más violentas de Estados Unidos, la **Penitenciaría** Estatal de Moundsville fue construida durante la Guerra Civil. Asesinatos, **motines** y ejecuciones tuvieron lugar dentro de ella.

Después de varias décadas de hacinamiento y condiciones **inhumanas**, en 1995 la prisión cerró. Los investigadores paranormales han oído voces en la oscuridad y en los bloques de celdas silenciosas. Se pueden oír pasos allí donde nadie camina.

No es de extrañar que Moundsville esté encantada. Casi 1 000 prisioneros murieron o fueron ejecutados en esta prisión. Para hacer las cosas aún más macabras, se rumora que la penitenciaría fue construida en un antiguo cementerio nativo americano. Es probable que las tumbas hayan sido alteradas durante la construcción de la penitenciaría.

En 1951, la electrocución se convirtió en el método preferido de ejecución en Moundsville. De los 94 hombres **ejecutados**, nueve de ellos fueron electrocutados en la silla eléctrica. Virginia Occidental prohibió las ejecuciones por completo en 1965. La silla eléctrica está exhibida en la prisión.

LAWANG SEWU, INDONESIA

Lawang Sewu fue construida originalmente como sede del ferrocarril de las Indias Orientales Holandesas en 1907. Durante la Segunda Guerra Mundial, los japoneses invadieron Indonesia y transformaron Lawang Sewu en una prisión. Muchos prisioneros fueron ejecutados allí.

Los visitantes de este sitio histórico han visto fantasmas sin cabeza vagar por los corredores. Las fotos tomadas allí a veces muestran figuras inexplicables en el fondo.

UN DATO ATERRADOR

Se cree que una mujer que murió allí también acecha ese lugar. Algunos creen que su imagen fantasmal fue captada en un programa de la televisión indonesia grabado en Lawang Sewu.

PENITENCIARÍA ESTATAL ORIENTAL

En la concurrida avenida Freemont, en Filadelfia, está situado un edificio en ruinas que parece fuera de lugar. Tiene el aspecto de un castillo oscuro y de mal augurio, con torres y muros altos. El edificio es la Penitenciaría Estatal Oriental, que abrió en 1829.

La prisión usaba métodos crueles para hacer que los prisioneros se portaran bien. Los reclusos permanecían en pequeñas y estrechas celdas con muy poca luz.

Varios criminales famosos cumplieron condenas en la Penitenciaría Estatal Oriental, incluyendo a Al Capone, el conocido jefe de la **mafia**. Fue arrestado afuera de una sala de cine con un arma y sin licencia para cargarla. Su permanencia en la Penitenciaría Estatal Oriental fue su primera visita a la **cárcel**. Debido a su poder e **influencia**, su celda era diferente a la de los demás. Tenía lujosos muebles, alfombras, cuadros y una radio.

Con el tiempo, los métodos de la Penitenciaría Estatal Oriental para corregir la conducta de los prisioneros dejaron de ser usados. La cárcel tenía demasiados prisioneros y fue cerrada en 1971.

La prisión es considerada como uno de los lugares más encantados de Estados Unidos. Los visitantes de este sitio histórico han oído voces y risas. Figuras misteriosas y caras fantasmales aparecen en los muros. Muchos han visto la figura de un guardia en una de las torres.

UN DATO ATERRADOR

La Penitenciaría Estatal Oriental fue diseñada para albergar a 300 prisioneros. ¡En la década de 1920 tuvo que albergar a casi 2 000 reclusos!

CÁRCEL DE TIHAR, INDIA

La cárcel de Tihar, en India, es el complejo de prisiones más grande de ese país. Tiene más de 400 acres (162 hectáreas) y alberga a unos 16 000 prisioneros. A diferencia de otras prisiones mencionadas en este libro, ¡la cárcel de Tihar sigue abierta!

Algunos reclusos afirman que la prisión está encantada. Han oído llantos fantasmales a medianoche. Otros han sido misteriosamente cacheteados y algunos prisioneros han visto los fantasmas de criminales que fueron ahorcados.

VIEJA CÁRCEL DE BEECHWORTH, AUSTRALIA

La vieja cárcel de Beechworth está situada en Beechworth, Victoria, Australia. Construida en 1864, la prisión estuvo abierta durante 140 años y fue el lugar donde estuvieron varios criminales y asesinos **infames**.

Uno de los prisioneros más famosos fue Ned Kelly, un bandido y líder de una pandilla. Cumplió su condena en Beechworth por el asesinato de tres policías.

Ned Kelly

La cárcel de Beechworth fue cerrada en 2004.
Un año después, el lugar abrió de nuevo como
sitio histórico y como sede de recorridos sobre
fantasmas. Los visitantes han informado oír
voces en la oscuridad cuando nadie habla.
Otros han visto figuras misteriosas que parecen
observar desde lejos. También se sabe que las
luces se apagan y se prenden solas.

UN DATO ATERRADOR

A finales del siglo 19, ocho hombres fueron
condenados a muerte por asesinato. Fueron
ahorcados afuera de la prisión.

CÁRCEL DE BODMIN, REINO UNIDO

La cárcel de Bodmin fue construida en 1778, en Cornualles, Gran Bretaña. Fue la primera cárcel donde cada prisionero tenía su propia celda.

Algunos afirman que Selina Wadge, quien fue ahorcada por arrojar a su bebé a un pozo, ronda en la prisión. Algunos visitantes jóvenes han visto llorar en una celda de la prisión a una mujer fantasmal con un vestido largo.

Unos maniquíes son usados para representar a un prisionero recibiendo sus últimos rituales antes de la ejecución.

UN DATO ATERRADOR

La cárcel de Bodmin realizó ahorcamientos públicos hasta 1862. Eran muy populares y mucha gente iba a verlos. Después de 1862, los ahorcamientos se realizaban dentro de la cárcel.

ALCATRAZ, SAN FRANCISCO

Una de las prisiones más famosas del mundo tiene su propia isla... ¡Es en serio! Frente a la costa de San Francisco, California, se encuentra la isla de Alcatraz, sede de la penitenciaría Federal de Alcatraz.

La prisión abrió en 1934 y fue construida cerca de una antigua prisión militar que aún existe. Alcatraz es el lugar al cual eran enviados los prisioneros demasiado peligrosos para otras cárceles.

A diferencia de muchas otras prisiones encantadas, Alcatraz solo estuvo abierta por poco menos de 30 años. Cerró en 1963 y se convirtió en una atracción **turística**.

La gente afirma oír llantos y gemidos fantasmales en los bloques de celdas A, B y C. Otros han jurado oír música de banjo en las duchas vacías. Los fantasmas de nativos americanos muertos durante la Guerra Civil a veces aparecen y les susurran a los vivos.

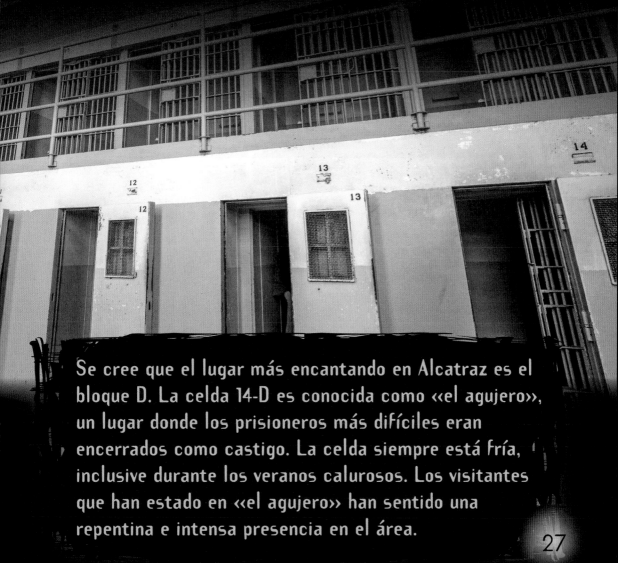

Se cree que el lugar más encantando en Alcatraz es el bloque D. La celda 14-D es conocida como «el agujero», un lugar donde los prisioneros más difíciles eran encerrados como castigo. La celda siempre está fría, inclusive durante los veranos calurosos. Los visitantes que han estado en «el agujero» han sentido una repentina e intensa presencia en el área.

CONCLUSIÓN

¿Hay fantasmas en estas cárceles atrapados por toda la eternidad? Lo que una persona ve, otra lo podría negar.

Está en tus manos decidir qué creer. Si oyes o ves algo macabro, escríbelo o captúralo con una cámara. La evidencia que descubras podría ayudarnos a entender ¡LO ENCANTADO!

GLOSARIO

cárcel: Otra palabra para «prisión».

ejecutados: Personas que fueron matadas porque estaban condenadas a muerte.

infames: Personas muy malas.

influencia: El poder de afectar a otra persona.

inhumanas: Que los tratos dados son crueles.

mafia: Organización criminal que gana dinero con actividades ilegales.

motines: Violencia y desorden público.

penitenciaría: Institución, cárcel o prisión pública donde están los prisioneros.

siniestro: Comportamiento retorcido y malvado.

turística: Actividad que consiste en visitar otros lugares por placer o cultura.

ÍNDICE ANALÍTICO

SITIOS WEB (PÁGINAS EN INGLÉS):

https://kids.kiddle.co/Ghost

www.hauntedrooms.co.uk/
ghost-stories-kids-scary-childrens

www.ghostsandgravestones.com/
how-to-ghost-hunt

ACERCA DEL AUTOR

Thomas Kingsley Troupe

Thomas Kingsley Troupe ha escrito muchísimos libros para niños. Sus temas incluyen fantasmas, Pie Grande, hombres lobo e incluso un libro sobre la suciedad. Cuando no escribe o lee, investiga lo paranormal como parte de la Sociedad Paranormal de las Ciudades Gemelas. Vive en Woodbury, Minnesota con sus dos hijos.

Produced by: Blue Door Education for Crabtree Publishing

Written by: Thomas Kingsley Troupe

Designed by: Jennifer Dydyk

Edited by: Kelli Hicks

Proofreader: Crystal Sikkens

Translation to Spanish: Santiago Ochoa

Spanish-language layout and proofread: Base Tres

Print and production coordinator: Katherine Berti

Las imágenes y fotografías de «fantasmas» contenidas en este libro son interpretaciones de los artistas. La editorial no asegura que sean imágenes reales o fotografías de los fantasmas mencionados en este libro.

Photographs: Cover photos: prison cells © Freaktography, prisoner © FOTOKITA, skull on cover and throughout book ©Fer Gregory, pages 4-5 creepy picture borders here and throughout book © Dmitry Natashin, page 4 © Chingfoto, page 5 hands shadow © sakhorn, page 6 © Sandra Foyt, page 7 © Shanelb, pages 8-9 © Steve Heap, page 10 © Raeann Davies, page 12 © Andreas H, page 14 © Inspired By Maps, page 15 (top) © MISHELLA, (bottom) © agel Photography, page 16 © MISHELLA, page 17 © Chang Lee, page 18 © mrinalpal, page 19 © kittirat roekburi, page 21 © Nils Versemann, page 22 © Editorial credit: Paolo Trovo / Shutterstock.com, page 23 (top) © Paolo Trovo, (bottom) © RogerMechan, page 24 © fllphoto, page 26 © Lerner Vadim, page 28 © Tunatura, page 29 © Paul W. Faust, All images from Shutterstock.com except page 9 and 11 photos released into the public domain by its author, VitaleBaby at the Wikipedia project, page 13 basement photo © Crisco 1492 https://creativecommons.org/licenses/by-sa/3.0/deed.en, page 20 © public domain image, page 25 © Steffen https://creativecommons.org/licenses/by/3.0/deed.en, page 27 © bennymarty/istockphoto.com

Library and Archives Canada Cataloguing in Publication

Available at the Library and Archives Canada

Library of Congress Cataloging-in-Publication Data

Available at the Library of Congress

Crabtree Publishing Company

www.crabtreebooks.com   1-800-387-7650

Published in the United States
Crabtree Publishing
347 Fifth Avenue
Suite 1402-145
New York, NY, 10016

Published in Canada
Crabtree Publishing
616 Welland Ave.
St. Catharines, Ontario
L2M 5V6

Printed in the U.S.A./092021/CG20210616